impressum

© sandra p. thurner: gebetsah.
titelbild: weibliche buddha. acryl auf
leinwand. von s. p. thurner.

herstellung und verlag:
bod - books on demand, norderstedt.
isbn: 978-3-8482-5941-0
1. auflage 2013

inhalt

1 wie sand in gottes haenden

die zeit
mit dir verrinnt
wie sand
in gottes haenden

so fließend und
vollkommen sind die
gemeinsamen
augenblicke

die tiefe spuren
in gottes geografie
komponieren

2 matrjoschkas herz

mein herz
sagt mir
dass ich
was
anderes
machen
soll
als das
was
mir mein
herz
sagt

3 engelvers_frei nach rm rilke

es verkümmerten des engels flügel
weil ich meiner sehnsucht den himmel nahm
die erde allein ward einsam ohne seinen
geliebten
die heiligen küsse von oben waren
nimmermehr
da salbte ich seine flügel so sanft und rein
bis er kraft klaren herzens seinen himmel sah
und beide dem leben wieder nah

4 hand-lung

ich sehne
mich
nach
deiner
kraftvoll
sanften
hand
auf
meiner
zweifelnden
stirn

5 re: hoelderlin

ward ich jung
so lockte mich
der abend
der alternd
in die nacht sich
bettete
jetzt bin ich
selbst diese
nacht die
den morgen
herbeisehnt

6 traktat der wohltuenden unvernunft

vor der arbeit mit gott tanzen
zu teuer zu mittag essen
die katze im bett schlafen lassen
zu laut musik hören
eigensinnig mitsingen
mit den blumen meditieren
zu dick auftragen
und maßlos übertreiben
mit den sternen jonglieren
und...
 ...
(fortsetzung erwünscht)
besuchen sie mich auf facebook
und schreiben sie mit! stichwort: das
unendliche gedicht

7 gebetsah

ich küsse
deine
lachfalten

die
geografie
unserer
liebe
führt
uns
nach
gebetsah

der
pazifik
umspült
meine lippen
ich aber strande
mit dir

8 barcelona ist mehr

wohltuende
meeresbrise
diffundiert
lästige
gedanken

und befreit
den geist
der picasso
zum könig
der maler
krönen wollte

9 fest der metamorphose

unter kargem
baum liegt
grün beschneite
sehnsucht

sehnsucht
nach dem
erlöser

nach dem
erlöstwerden
von alten
metamorphosen

10 die poeten

überzart...
im leiden suchten
sie die wahrheit

doch sie
verbarg sich

im banalen

11 mathematische lyrik:
irgendland

die wurzel
aus frühling
lautet liebreiz

der sich
erneut
potenziert
wenn die
erwachten
vögel
lieder aus
irgendland
singen

12 weibliche buddha

die weibliche buddha
betet einen reigen
der intuition
der weisheit
und befriedet unsere herzen
mit jesus an ihrer seite

13 blauzeit

in indigoblau
blühen
die blumen

invadieren
mit sanften waffen
vom stern
der intuition

14 prosagedicht: im meer ihrer worte

für mich gibt es nur zwei zustände im
moment: warten auf eine nachricht von ihr
und nach einer neuen nachricht kurz
schwimmen im meer ihrer worte und dann
wieder warten auf eine nachricht von ihr

15 onlineland

smart fone ich in die zukunft
ohne nachtruhe tanze ich
auf you tube facebook
entgegen und funke mich
in den schlaf

 bis

vogelgezwitscher aus der
konserve mich weckt
für einen neuen tag
Im onlineland

16 prosagedicht #2

mit dem gedanken
dass alles leben endlich
und der besitz vergänglich ist

gebärt sich jeder augenblick
so sehr schön
angesichts der gegenwart
und zugleich schmerzlich
des verlustes

doch wir sind in der unendlichkeit
in einem kokon aus welten
geborgen

17 der jesuanische zyklus

jeden tag ist ein
wenig weihnachten
ostern und
pfingsten

jeder tag gebärt mich neu
kreuzigt mich
und lässt mich auferstehen
durch die sprache des
heiligen geistes

18 das du

ich spüre dich
auch wenn du
weit von mir weilst
ich spüre dein
lachen in meinem
herzen auch
wenn du weit von
mir lachst
Ich spüre deine
liebe in all
meinen
gedanken
sie klaeren meinen blick
auf das wesentliche
das
du

19 einraumwohnung

die verzweiflung
wohnt
im ganzen leib

der die einsamkeit
spuerbar
zum nachbar hat

und den seelenschmerz
im dunkeldorf
zur untermiete

nur der balkon
ist noch frei
und unbewohnt

dein gesicht zur welt
ein tanz mit der
traurigkeit

20 gebetsah #2

gebetsah
heißt unsere zuflucht
in uns selbst

gebetsah
sind wir und
werden wir
sein

gebetsah
möchte krieg
nur mit schneeflocken

gebet der
tausend seherinnen
in gebetsah